AF222005

Impressum
Verlag: BABADADA GmbH, Nedderfeld 112 , 22529 Hamburg
Geschäftsführer / Verlagsleitung: Harald Hof
Druck: Books on Demand GmbH, In de Tarpen 42, 22848 Norderstedt

Imprint
Publisher: BABADADA GmbH, Nedderfeld 112 , 22529 Hamburg, Germany
Managing Director / Publishing direction: Harald Hof
Print: Books on Demand GmbH, In de Tarpen 42, 22848 Norderstedt

школа

σχολείο

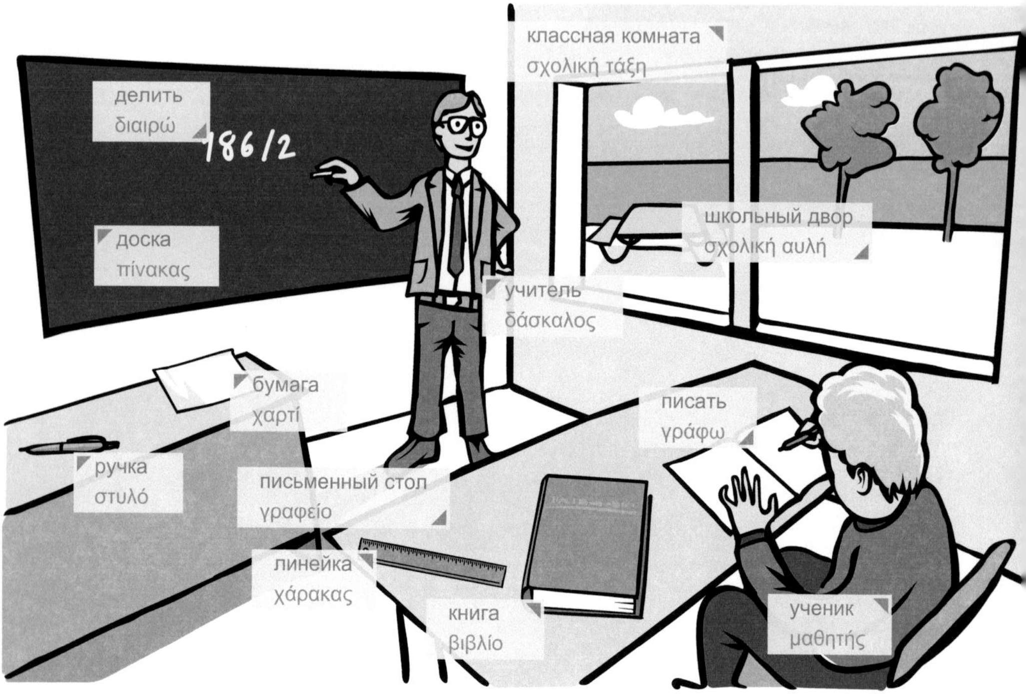

классная комната
σχολική τάξη
делить
διαιρώ
186/2
доска
πίνακας
школьный двор
σχολική αυλή
учитель
δάσκαλος
бумага
χαρτί
писать
γράφω
ручка
στυλό
письменный стол
γραφείο
линейка
χάρακας
книга
βιβλίο
ученик
μαθητής

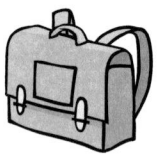

ранец

σχολική τσάντα

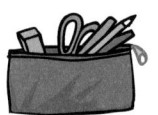

пенал

κασετίνα/ μολυβοθήκη

карандаш

μολύβι

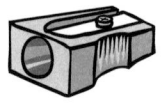

точилка

ξύστρα

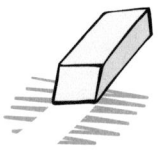

ластик

γόμα

альбом для рисования

μπλοκ ζωγραφικής

рисунок

ζωγραφική

кисточка

πινέλο

коробка красок

κουτί χρωμάτων

ножницы

ψαλίδι

клей

κόλλα

тетрадь

τετράδιο ασκήσεων

домашняя работа

εργασία για το σπίτι

цифра

αριθμός

прибавлять

προσθέτω

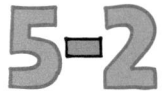

вычитать

αφαιρώ

умножать

πολλαπλασιάζω

считать

υπολογίζω

буква

γράμμα

алфавит

αλφάβητο

слово

λέξη

текст

κείμενο

читать

διαβάζω

мел

κιμωλία

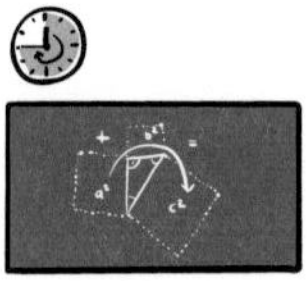

урок

μάθημα

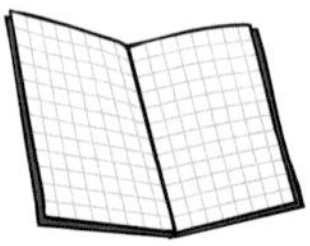

классный журнал

εγγράφομαι

экзамен

τεστ

диплом

πιστοποιητικό

школьная форма

μαθητική στολή

образование

εκπαίδευση

энциклопедия

εγκυκλοπαίδεια

университет

πανεπιστήμιο

микроскоп

μικροσκόπιο

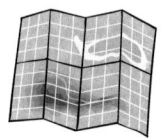

карта

χάρτης

корзина для бумаг

καλάθι αχρήστων

гостиница
ξενοδοχείο
турбаза
ξενώνας
пункт обмена валюты
ανταλλακτήρια συναλλάγματος
чемодан
βαλίτσα
автомобиль
αυτοκίνητο

язык

γλώσσα

да / нет

ναι / όχι

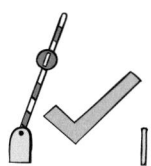

хорошо

εντάξει

Привет

γεια σου

переводчик

μεταφραστής

Спасибо

Ευχαριστώ

Сколько стоит...?

πόσο κάνει ;

Я не понимаю

Δε καταλαβαίνω

проблема

πρόβλημα

Добрый вечер!

Καλησπέρα!

Доброе утро!

Καλημέρα!

Доброй ночи!

Καληνύχτα!

До свидания

Αντίο

направление

κατεύθυνση

багаж

αποσκευές

сумка

τσάντα

рюкзак

σακίδιο πλάτης

гость

καλεσμένος

комната

δωμάτιο

спальный мешок

υπνόσακος

палатка

σκηνή

6   путешествие - ταξίδι

туристическая информация
τουριστικές πληροφορίες

пляж
παραλία

кредитная карточка
πιστωτική κάρτα

завтрак
πρωινό

обед
μεσημεριανό

ужин
δείπνο

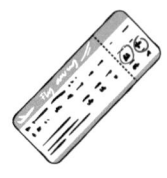

билет
εισιτήριο

лифт
ανελκυστήρας

почтовая марка
γραμματόσημο

граница
σύνορα

таможня
τελωνείο

посольство
πρεσβεία

виза
βίζα

паспорт
διαβατήριο

транспорт
μεταφορά

самолёт
αεροπλάνο
корабль
πλοίο
пожарный автомобиль
πυροσβεστικό όχημα
автобус
λεωφορείο
грузовик
φορτηγό
оторная лодка
ηχανοκίνητο σκάφος
велосипед
ποδήλατο
автомобиль
αυτοκίνητο

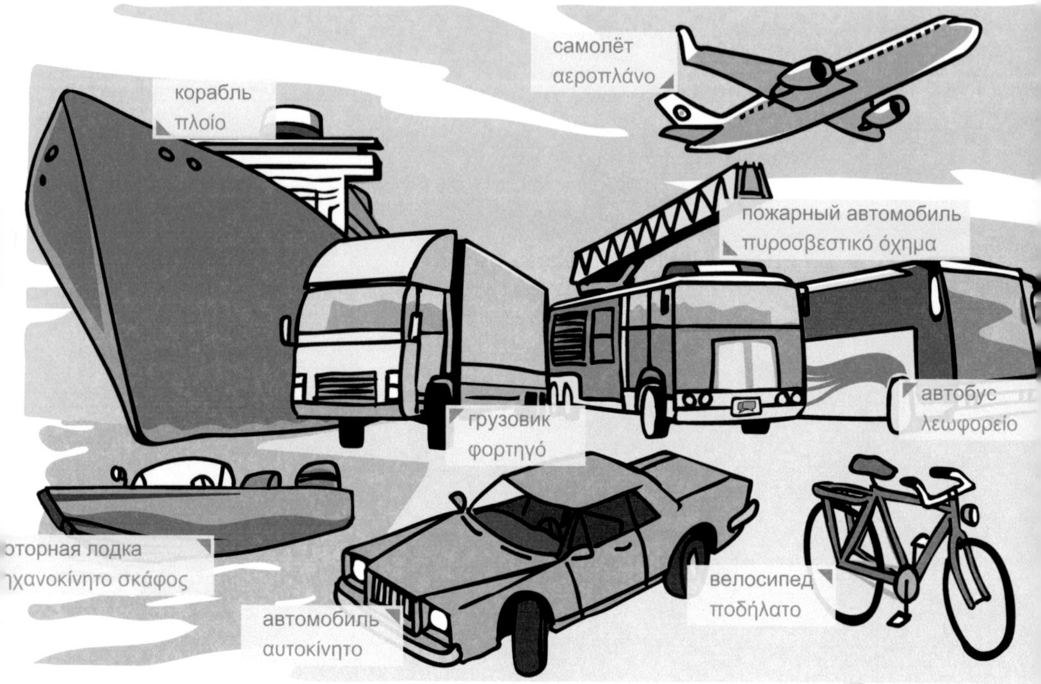

паром
φεριμπότ

лодка
βάρκα

мотоцикл
μοτοσικλέτα

полицейский автомобиль
περιπολικό

гоночный автомобиль
αγωνιστικό αυτοκίνητο

арендованный автомобиль
ενοικιαζόμενο αυτοκίνητο

совместное пользование
автомобилями
διαμοιρασμός αυτοκινήτων

буксировочный
автомобиль
γερανός

мусоровоз
απορριμματοφόρο

двигатель
κινητήρας

топливо
καύσιμο

заправка
βενζινάδικο

дорожный знак
πινακίδα σήμανσης

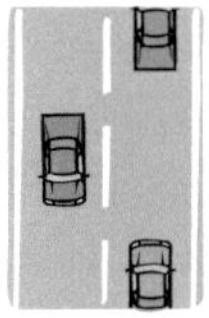

движение
κυκλοφορία

пробка
κυκλοφοριακή συμφόρηση

автостоянка
χώρος στάθμευσης

вокзал
σιδηροδρομικός σταθμός

рельсы
σιδηροδρομικές γραμμές

поезд
τρένο

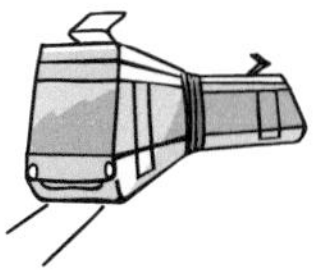

трамвай
τραμ

вагон
βαγόνι

9

вертолёт

ελικόπτερο

аэропорт

αεροδρόμιο

вышка

πύργος

пассажир

επιβάτης

контейнер

εμπορευματοκιβώτιο

коробка

χαρτοκιβώτιο

тележка

καρότσι

корзина

καλάθι

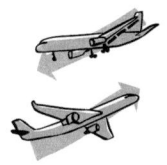

взлетать / приземляться

απογειώνομαι /
προσγειόνομαι

город

πόλη

деревня

χωριό

центр города

κέντρο της πόλης

дом

σπίτι

10   город - πόλη

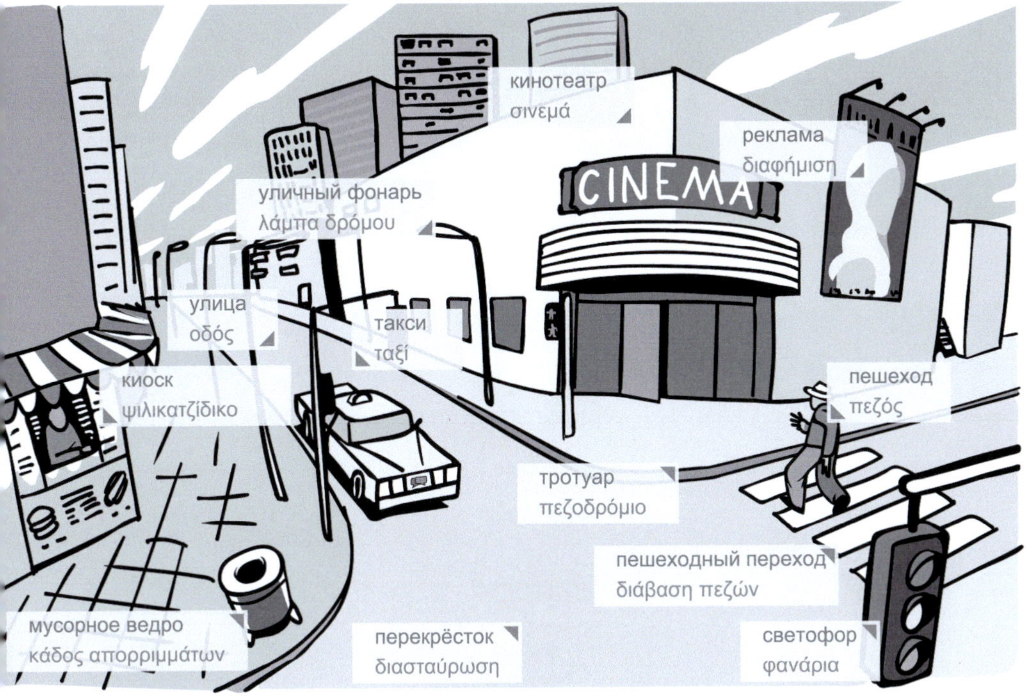

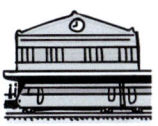

кинотеатр
σινεμά
CINEMA
реклама
διαφήμιση
уличный фонарь
λάμπα δρόμου
улица
οδός
такси
ταξί
киоск
ψιλικατζίδικο
пешеход
πεζός
тротуар
πεζοδρόμιο
пешеходный переход
διάβαση πεζών
мусорное ведро
κάδος απορριμμάτων
перекрёсток
διασταύρωση
светофор
φανάρια

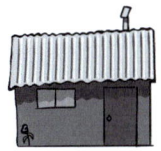

хижина

καλύβα

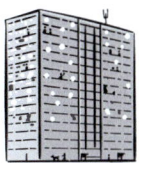

квартира

διαμέρισμα

вокзал

σιδηροδρομικός σταθμός

ратуша

δημαρχείο

MUSEUM

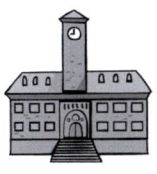

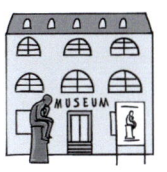

музей

μουσείο

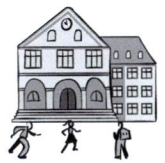

школа

σχολείο

университет

πανεπιστήμιο

банк

τράπεζα

больница

νοσοκομείο

гостиница

ξενοδοχείο

аптека

φαρμακείο

офис

γραφείο

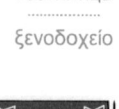

книжный магазин

βιβλιοπωλείο

магазин

κατάστημα

цветочный магазин

ανθοπωλείο

супермаркет

σούπερ μάρκετ

рынок

αγορά

универмаг

πολυκατάστημα

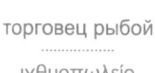

торговец рыбой

ιχθυοπωλείο

торговый центр

εμπορικό κέντρο

порт

λιμάνι

 12   город - πόλη

парк

πάρκο

скамейка

παγκάκι

мост

γέφυρα

лестница

σκάλες

метро

μετρό

тоннель

τούνελ

автобусная остановка

στάση λεωφορείου

бар

μπαρ

ресторан

εστιατόριο

почтовый ящик

γραμματοκιβώτιο

табличка с названием улицы

πινακίδα δρόμου

паркометр

παρκόμετρο

зоопарк

ζωολογικός κήπος

бассейн

πισίνα

мечеть

τζαμί

ферма

αγρόκτημα

загрязнение окружающей среды

ρύπανση

кладбище

νεκροταφείο

церковь

εκκλησία

детская площадка

παιδική χαρά

храм

ναός

ландшафт

τοπίο

лист
φύλλο

дорожный указатель
πινακίδα κατεύθυνσης

дорога
δρόμος

луг
λιβάδι

камень
πέτρα

дерево
δέντρο

путешественник
πεζοπόρος

река
ποτάμι

трава
χορτάρι

цветок
λουλούδι

долина

κοιλάδα

гора

λόφος

озеро

λίμνη

лес

δάσος

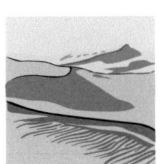

пустыня

έρημος

вулкан

ηφαίστειο

замок

κάστρο

радуга

ουράνιο τόξο

гриб

μανιτάρι

пальма

φοίνικας

комар

κουνούπι

муха

μύγα

муравей

μυρμήγκι

пчела

μέλισσα

паук

αράχνη

жук

σκαθάρι

лягушка

βάτραχος

белка

σκίουρος

еж

σκαντζόχοιρος

заяц

λαγός

сова

κουκουβάγια

птица

πουλί

лебедь

κύκνος

кабан

αγριογούρουνο

олень

ελάφι

лось

άλκη

плотина

φράγμα

ветряной генератор

ανεμογεννήτρια

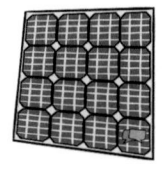

солнечная батарея

ηλιακός συλλέκτης

климат

κλίμα

ресторан

εστιατόριο

официант
σερβιτόρος
меню
κατάλογος
стул
καρέκλα
суп
σούπα
пицца
πίτσα
столовые приборы
μαχαιροπίρουνα
скатерть
τραπεζομάντιλο

закуска

ορεκτικό

главное блюдо

κύριο πιάτο

десерт

επιδόρπιο

напитки

ποτά

еда

φαγητό

бутылка

μπουκάλι

фастфуд

φαστ φουντ

уличная еда

φαγητό στ' όρθιο

чайник

τσαγιέρα

сахарница

δοχείο ζάχαρης

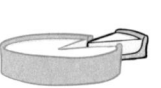

порция

μερίδα

кофеварка

μηχανή εσπρέσο

детский стульчик

ψηλή καρέκλα

счет

λογαριασμός

поднос

δίσκος

нож

μαχαίρι

вилка

πιρούνι

ложка

κουτάλι

чайная ложка

κουταλάκι του τσαγιού

салфетка

πετσέτα φαγητού

стакан

ποτήρι

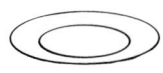

тарелка

πιάτο

суповая тарелка

πιάτο σούπας

блюдце

πιατάκι φλιτζανιού

соус

σάλτσα

солонка

αλατιέρα

мельница для перца

μύλος για πιπέρι

уксус

ξύδι

масло

λάδι

специи

μπαχαρικά

кетчуп

κέτσαπ

горчица

μουστάρδα

майонез

μαγιονέζα

супермаркет
σούπερ μάρκετ

специальное предложение
προσφορά
покупатель
πελάτης
молочные продукты
γαλακτοκομικά προϊοντα
фрукты
φρούτα
тележка для покупок
καρότσι για ψώνια

мясной магазин

κρεοπωλείο

пекарня

φούρνος

взвешивать

ζυγίζω

овощи

λαχανικά

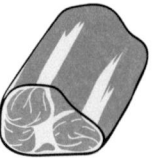

мясо

κρέας

быстрозамороженные продукты

κατεψυγμένα τρόφιμα

нарезка

αλλαντικά

консервы

κονσερβοποιημένη τροφή

стиральный порошок

απορρυπαντικό ρούχων

сладости

γλυκά

предмет домашнего обихода

οικιακά είδη

моющее средство

καθαριστικά προϊόντα

продавщица

πωλήτρια

касса

ταμείο

кассир

ταμίας

список покупок

λίστα για ψώνια

время работы

ωράριο λειτουργίας

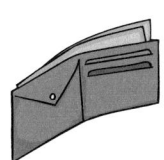

бумажник

πορτοφόλι

кредитная карточка

πιστωτική κάρτα

сумка

τσάντα

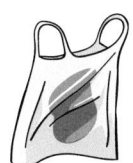

полиэтиленовый пакет

πλαστική σακούλα

напитки
ποτά

вода

νερό

сок

χυμός

молоко

γάλα

кока-кола

κόκα κόλα

вино

κρασί

пиво

μπίρα

алкоголь

αλκοόλ

какао

κακάο

чай

τσάι

кофе

καφές

эспрессо

εσπρέσο

капучино

καπουτσίνο

еда
φαγητό

банан

μπανάνα

яблоко

μήλο

апельсин

πορτοκάλι

арбуз

πεπόνι

лимон

λεμόνι

морковь

καρότο

чеснок

σκόρδο

бамбук

μπαμπού

лук

κρεμμύδι

гриб

μανιτάρι

орехи

ξηροί καρποί

лапша

νουντλς

спагетти

μακαρόνια

рис

ρύζι

салат

σαλάτα

картофель фри

πατατάκια

жареный картофель

τηγανητές πατάτες

пицца

πίτσα

гамбургер

χάμπουργκερ

сэндвич

σάντουιτς

шницель

κοτολέτα

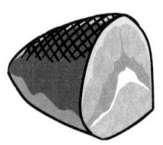

ветчина

ζαμπόν

салями

σαλάμι

колбаса

λουκάνικο

курица

κοτόπουλο

жаркое

ψητό

рыба

ψάρι

овсяные хлопья

χυλός βρώμης

мюсли

μούσλι

кукурузные хлопья

κορν φλέικς

мука

αλεύρι

круассан

κρουασάν

булочка

ψωμάκι

хлеб

ψωμί

тост

τοστ

печенье

μπισκότα

масло

βούτυρο

творог

τυρόπηγμα

пирог

κέικ

яйцо

αυγό

яичница

τηγανητό αυγό

сыр

τυρί

мороженое

παγωτό

сахар

ζάχαρη

мёд

μέλι

мармелад

μαρμελάδα

крем с нугой

άλλειμμα σοκολάτας

карри

κάρυ

ферма
αγρόκτημα

крестьянский дом
αγρόσπιτο
сарай
αχυρώνας
тюк из соломы
δεμάτι άχυρου
поле
χωράφι
лошадь
αλόγο
прицеп
ρυμουλκούμενο
трактор
τρακτέρ
жеребёнок
πουλάρι
осёл
γάιδαρος
овца
πρόβατο
ягнёнок
αρνί

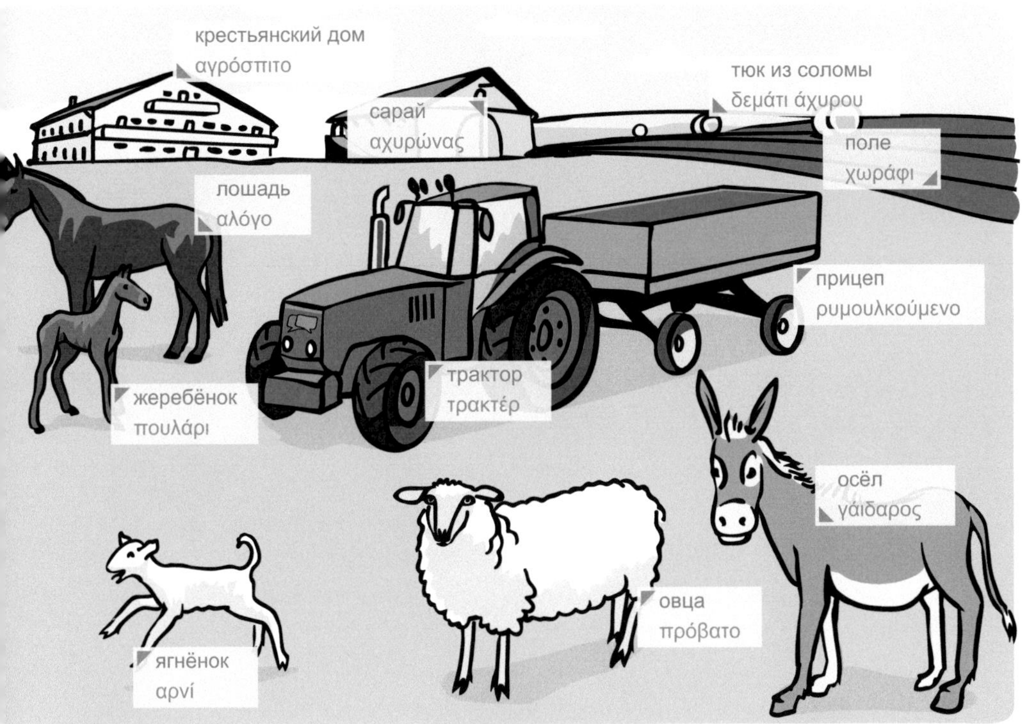

коза
κατσίκα

корова
αγελάδα

телёнок
μοσχαράκι

свинья
γουρούνι

поросёнок
γουρουνάκι

бык
ταύρος

гусь

χήνα

утка

πάπια

цыплёнок

κοτοπουλάκι

курица

κότα

петух

κόκορας

крыса

αρουραίος

кошка

γάτα

мышь

ποντίκι

вол

βόδι

собака

σκύλος

конура

σπιτάκι σκύλου

садовый шланг

λάστιχο κήπου

лейка

ποτιστήρι

коса

θεριστήρι

плуг

αλέτρι

серп

δρεπάνι

мотыга

τσάπα

навозные вилы

δίκρανο

топор

τσεκούρι

тачка

χειράμαξα

корыто

ταΐστρα

бидон для молока

δοχείο γάλακτος

мешок

σάκος

забор

φράχτης

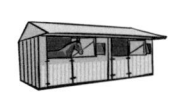

хлев

στάβλος

теплица

θερμοκήπιο

почва

έδαφος

посев

σπόρος

удобрение

λίπασμα

комбайн

θεριζοαλωνιστική μηχανή

собирать урожай

θερίζω

урожай

συγκομιδή

ямс

γιαμς

пшеница

σιτάρι

соя

σόγια

картофель

πατάτα

кукуруза

καλαμπόκι

рапс

κράμβη

фруктовое дерево

οπωροφόρο δέντρο

маниок

μανιόκα

злаки

δημητριακά

ферма - αγρόκτημα

дом

σπίτι

дымоход
καμινάδα
крыша
στέγη
водосточный желоб
υδρορροή
окно
παράθυρο
гараж
γκαράζ
звонок
κουδούνι
дверь
πόρτα
мусорное ведро
σκουπιδοτενεκές
почтовый ящик
γραμματοκιβώτιο
сад
κήπος

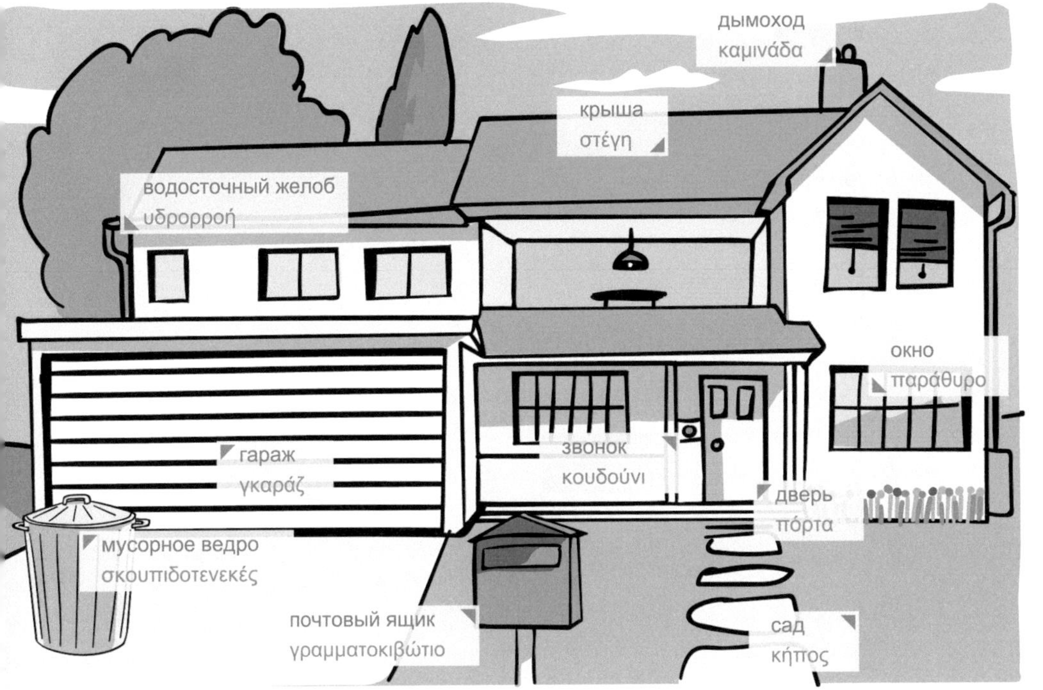

гостиная

σαλόνι

ванная комната

μπάνιο

кухня

κουζίνα

спальня

υπνοδωμάτιο

детская комната

παιδικό δωμάτιο

столовая

τραπεζαρία

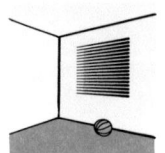

пол

πάτωμα

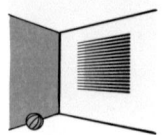

стена

τοίχος

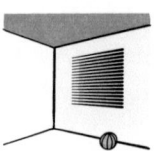

потолок

οροφή

подвал

κελάρι

сауна

σάουνα

балкон

μπαλκόνι

терраса

βεράντα

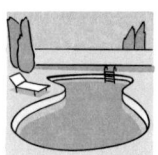

бассейн

πισίνα

газонокосилка

μηχανή του γκαζόν

пододеяльник

σεντόνι

покрывало

κάλυμμα κρεβατιού

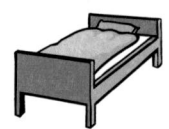

кровать

κρεβάτι

метла

σκούπα

ведро

κουβάς

выключатель

διακόπτης

гостиная
σαλόνι

обои
ταπετσαρία
рисунок
φωτογραφία
лампа
λάμπα
полка
ράφι
шкаф
ντουλάπι
телевизор
τηλεόραση
камин
τζάκι
цветок
λουλούδι
подушка
μαξιλάρι
диван
καναπές
ваза
βάζο
пульт дистанционного управления
τηλεκοντρόλ

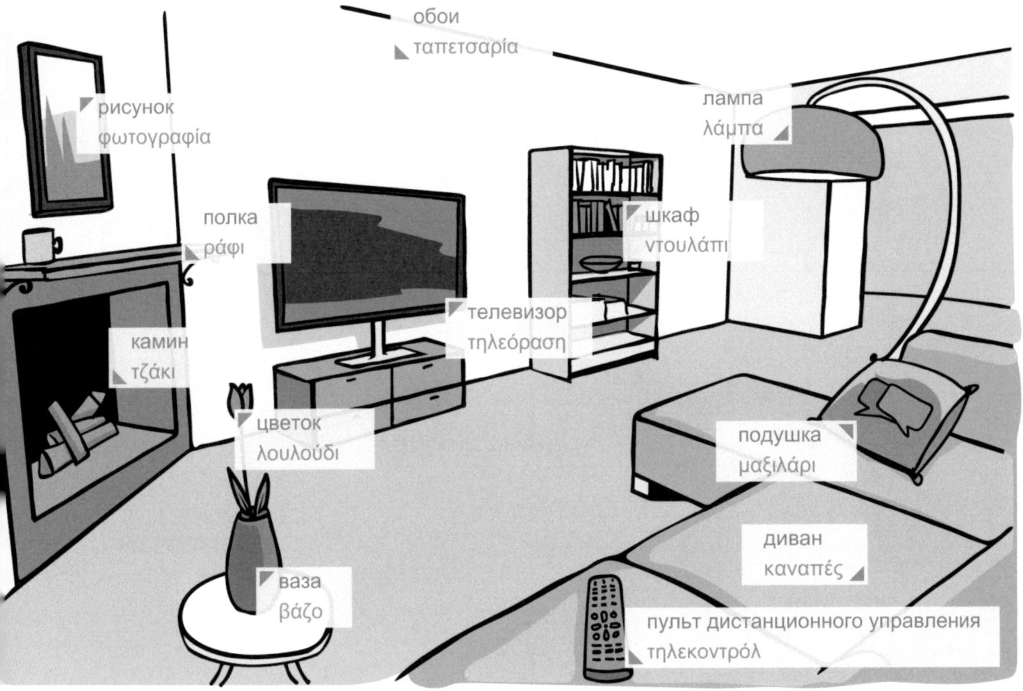

ковёр

χαλί

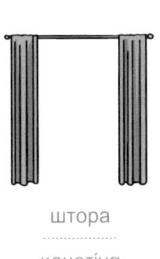

штора

κουρτίνα

стол

τραπέζι

стул

καρέκλα

кресло-качалка

κουνιστή πολυθρόνα

кресло

πολυθρόνα

книга

βιβλίο

покрывало

κουβέρτα

украшение

διακόσμηση

дрова

καυσόξυλα

фильм

ταινία

стереосистема

στερεοφωνικό σύστημα

ключ

κλειδί

газета

εφημερίδα

картина

πίνακας ζωγραφικής

плакат

αφίσα

радио

ραδιόφωνο

блокнот

σημειωματάριο

пылесос

ηλεκτρική σκούπα

кактус

κάκτος

свеча

κερί

кухня
κουζίνα

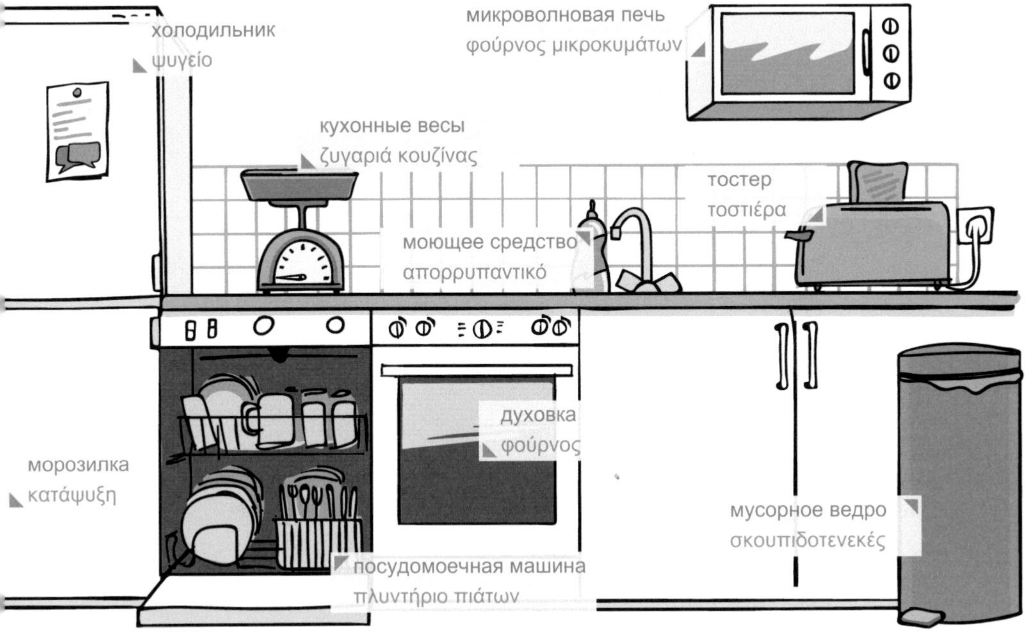

холодильник
ψυγείο
микроволновая печь
φούρνος μικροκυμάτων
кухонные весы
ζυγαριά κουζίνας
тостер
τοστιέρα
моющее средство
απορρυπαντικό
духовка
φούρνος
морозилка
κατάψυξη
мусорное ведро
σκουπιδοτενεκές
посудомоечная машина
πλυντήριο πιάτων

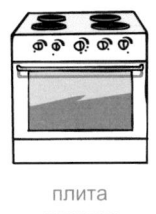

плита
κουζίνα

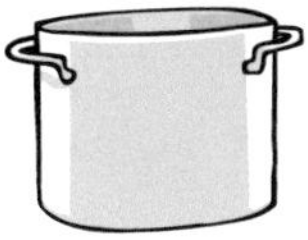

кастрюля
κατσαρόλα

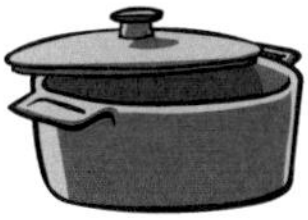

чугунный котелок
μαντεμένια κατσαρόλα

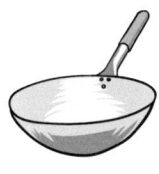

вок / кадай
γουόκ/καντάι

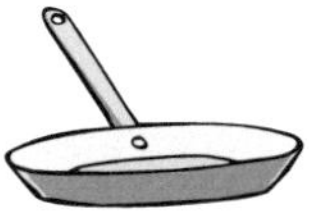

сковорода
τηγάνι

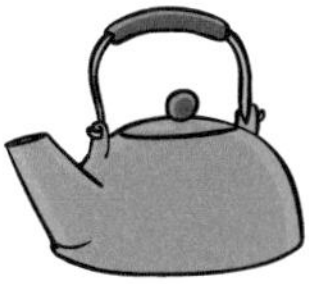

чайник
βραστήρας

пароварка

ατμομάγειρας

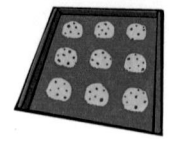

противень

ταψί

посуда

πιατικά

кружка

κούπα

миска

μπολ

палочки для еды

ξυλάκια

половник

κουτάλα

лопатка

σπάτουλα

сбивалка

ανακατεύω

сито

σουρωτήρι

сито

σουρωτηράκι

тёрка

τρίφτης

ступка

γουδί

гриль

ψησταριά

костёр

ανοιχτή φωτιά

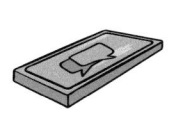

доска

σανίδα κοπής

скалка

πλάστης

штопор

ανοιχτήρι φελλών

жестяная банка

κονσέρβα

консервный нож

ανοιχτήρι κονσέρβας

прихватка

γάντι φούρνου

раковина

νεροχύτης

щетка

βούρτσα

губка

σφουγγάρι

миксер

μπλέντερ

морозильная камера

καταψύκτης

бутылочка для кормления

μπιμπερό

кран

βρύση

ванная комната
μπάνιο

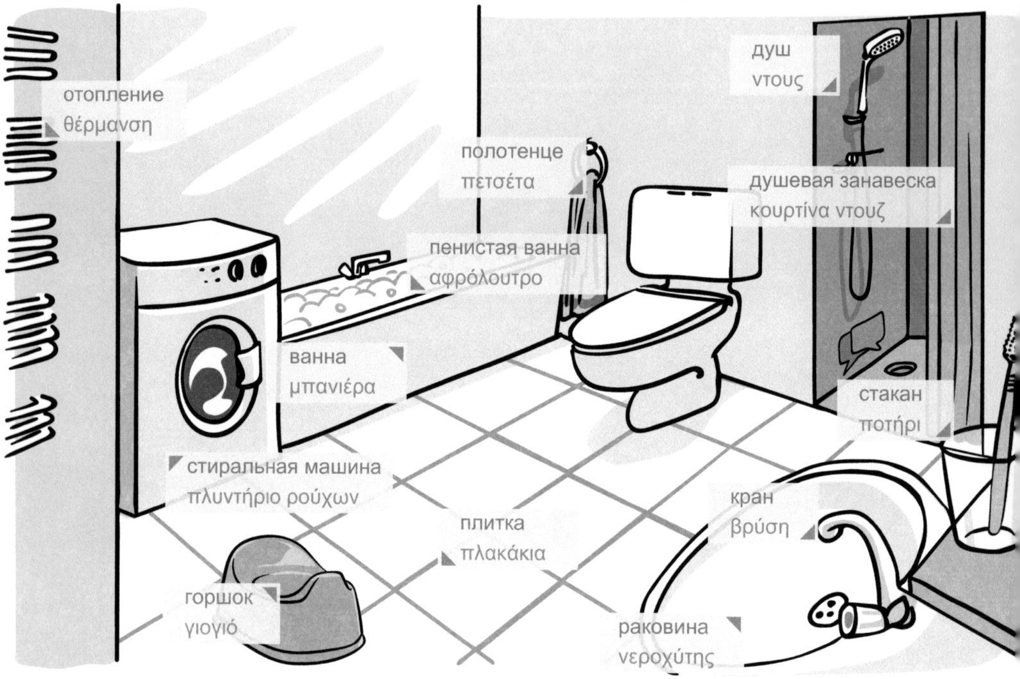

отопление
θέρμανση

душ
ντους

полотенце
πετσέτα

душевая занавеска
κουρτίνα ντουζ

пенистая ванна
αφρόλουτρο

ванна
μπανιέρα

стакан
ποτήρι

стиральная машина
πλυντήριο ρούχων

кран
βρύση

плитка
πλακάκια

горшок
γιογιό

раковина
νεροχύτης

туалет
τουαλέτα

напольный унитаз
τούρκικη τουαλέτα

биде
μπιντές

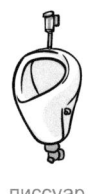

писсуар
ουρητήριο

туалетная бумага
χαρτί υγείας

ершик
πιγκάλ

зубная щетка

οδοντόβουρτσα

зубная паста

οδοντόκρεμα

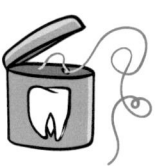

зубная нить

οδοντικό νήμα

мыть

πλένω

ручной душ

τηλέφωνο ντους

интимный душ

ντουσιέρα

таз

λεκάνη

щетка для спины

βούρτσα πλάτης

мыло

σαπούνι

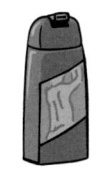

гель для душа

αφρόλουτρο

шампунь

σαμπουάν

мочалка

φανέλα

сток

σιφόνι

крем

κρέμα

дезодорант

αποσμητικό

зеркало

καθρέφτης

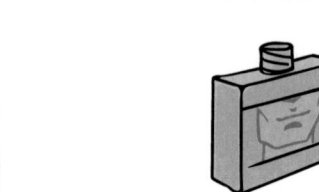

ручное зеркало

καθρέφτης χειρός

бритва

ξυραφάκι

пена для бритья

αφρός ξυρίσματος

лосьон после бритья

αφτερσέιβ

расческа

χτένα

щетка

βούρτσα

фен

σεσουάρ

лак для волос

λακ

косметика

μακιγιάζ

губная помада

κραγιόν

лак для ногтей

βερνίκι νυχιών

вата

βαμβάκι

маникюрные ножницы

ψαλίδι νυχιών

духи

άρωμα

косметичка

νεσεσέρ

табуретка

σκαμπό

весы

ζυγαριά

халат

μπουρνούζι

резиновые перчатки

ελαστικά γάντια

тампон

ταμπόν

гигиеническая прокладка

πετσέτα υγιεινής

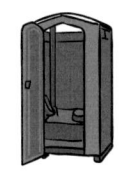

биотуалет

χημική τουαλέτα

детская комната
παιδικό δωμάτιο

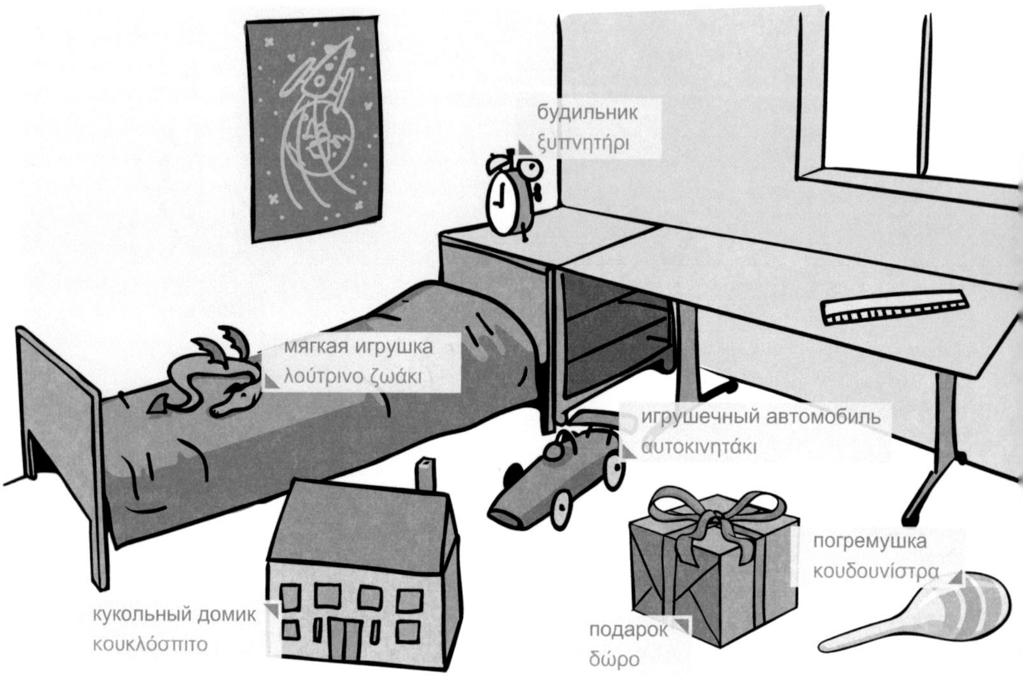

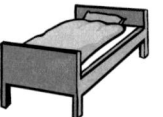

будильник
ξυπνητήρι
мягкая игрушка
λούτρινο ζωάκι
игрушечный автомобиль
αυτοκινητάκι
погремушка
κουδουνίστρα
кукольный домик
κουκλόσπιτο
подарок
δώρο

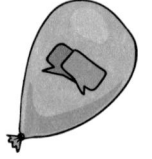

воздушный шар

μπαλόνι

кровать

κρεβάτι

детская коляска

καροτσάκι

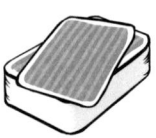

карточная игра

τράπουλα

пазл

παζλ

SUPER
MEGA

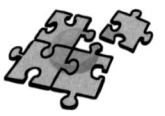

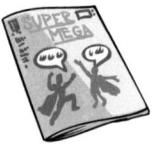

комикс

κόμικς

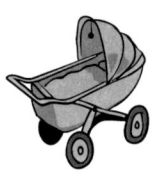

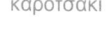

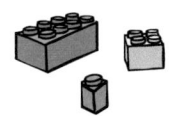

кирпичики Лего

τουβλάκια lego

кубики

τουβλάκια κατασκευών

игрушечная фигурка

φιγούρα δράσης

ползунки

βρεφικό φορμάκι

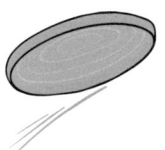

фрисби

φρίσμπι

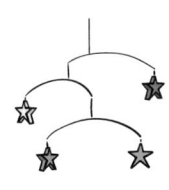

мобиле

μόμπιλο

настольная игра

επιτραπέζιο παιχνίδι

кубик

ζάρια

модель железной дороги

σετ τρενάκι

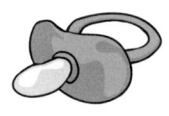

соска

πιπίλα

вечеринка

πάρτι

книга с картинками

εικονογραφημένο βιβλίο

мяч

μπάλα

кукла

κούκλα

играть

παίζω

песочница

σκάμμα με άμμο

качели

κούνια

игрушка

παιχνίδια

игровая приставка

κονσόλα βιντεοπαιχνιδιών

трёхколесный велосипед

τρίκυκλο

плюшевый медвежонок

αρκουδάκι

шкаф для одежды

ντουλάπα

одежда

ρούχα

носки

κάλτσες

чулки

καλτσοδέτες

колготки

καλσόν

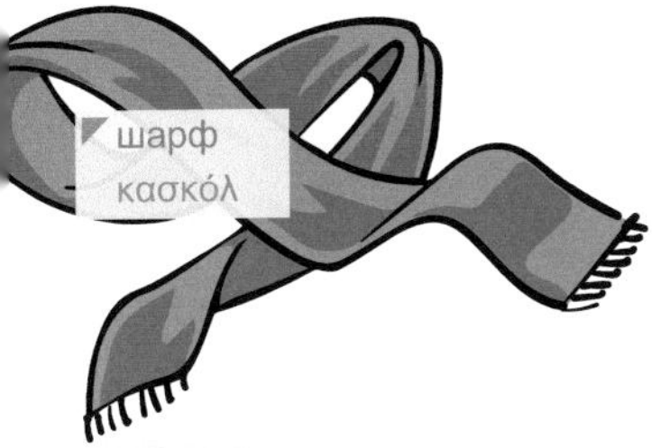

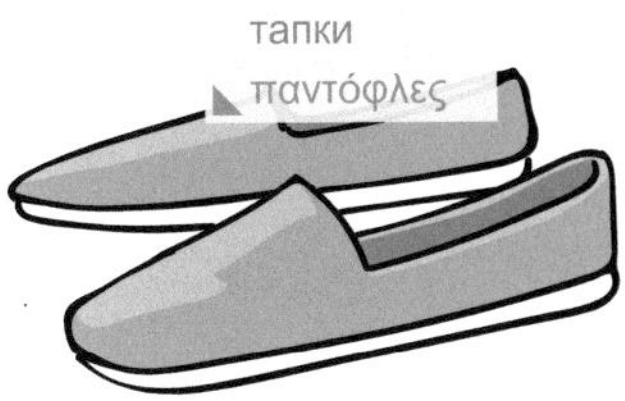

шарф
κασκόλ

зонтик
ομπρέλα

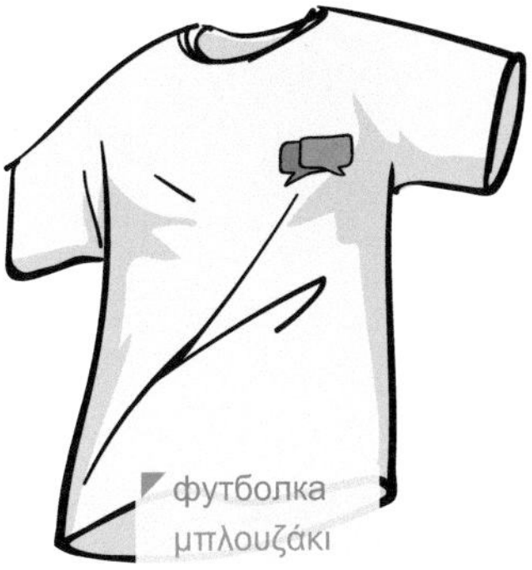

футболка
μπλουζάκι

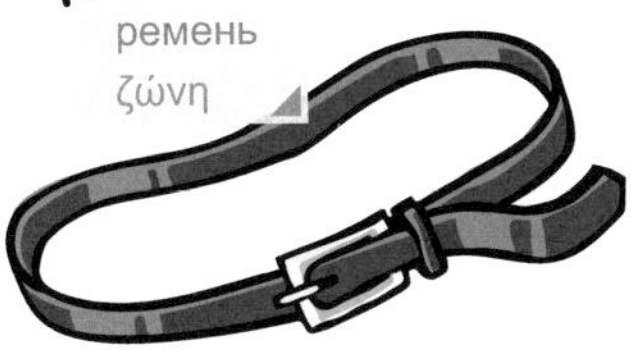

ремень
ζώνη

сапоги
μπότες

тапки
παντόφλες

кроссовки
αθλητικά παπούτσια

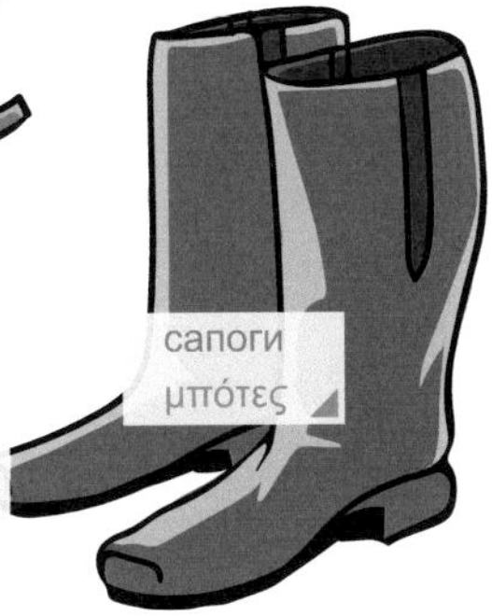

сандалии
σανδάλια

ботинки
παπούτσια

резиновые сапоги
γαλότσες

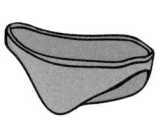

трусы
εσώρουχο

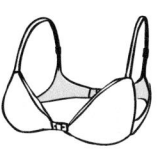

бюстгальтер
σουτιέν

майка
φανέλα

боди

σώμα

брюки

παντελόνι

джинсы

τζιν παντελόνι

юбка

φούστα

блузка

μπλούζα

рубашка

πουκάμισο

свитер

πουλόβερ

свитер

πουλόβερ

спортивная куртка

σακάκι

жакет

μπουφάν

пальто

παλτό

плащ

αδιάβροχο πανωφόρι

костюм

κοστούμι

платье

φόρεμα

свадебное платье

νυφικό

мужской костюм

κοστούμι

ночная сорочка

νυχτικό

пижама

πιτζάμες

сари

σάρι

платок

μαντήλι

тюрбан

τουρμπάνι

паранджа

μπούρκα

кафтан

καφτάνι

абайя

μουσουλμανικό ένδυμα

купальник

ολόσωμο μαγιό

плавки

ανδρικό μαγιό

шорты

σορτς

спортивный костюм

αθλητική φόρμα

фартук

ποδιά

перчатки

γάντια

пуговица

κουμπί

очки

γυαλιά

браслет

βραχιόλι

цепочка

περιδέραιο

кольцо

δαχτυλίδι

серьга

σκουλαρίκι

шапка

καπέλο

вешалка

κρεμάστρα

шляпа

καπέλο

галстук

γραβάτα

застежка молния

φερμουάρ

шлем

κράνος

подтяжки

τιράντες

школьная форма

μαθητική στολή

форма

στολή

48

одежда - ρούχα

детский нагрудник

σαλιάρα

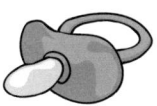

соска

πιπίλα

подгузник

πάνα

офис
γραφείο

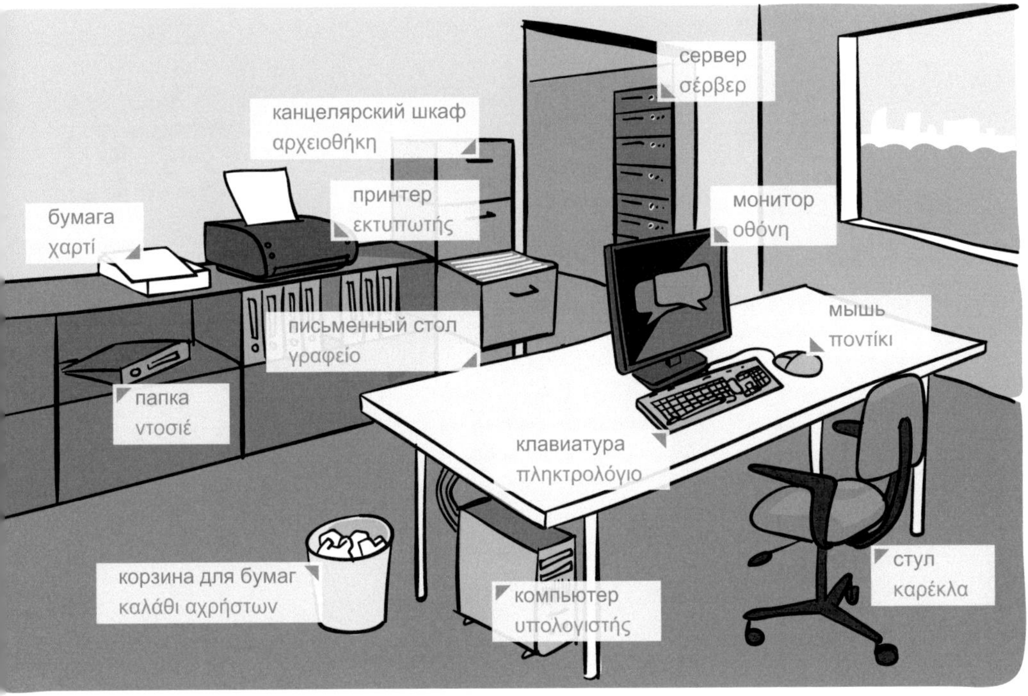

канцелярский шкаф
αρχειοθήκη

сервер
σέρβερ

принтер
εκτυπωτής

монитор
οθόνη

бумага
χαρτί

письменный стол
γραφείο

мышь
ποντίκι

папка
ντοσιέ

клавиатура
πληκτρολόγιο

корзина для бумаг
καλάθι αχρήστων

компьютер
υπολογιστής

стул
καρέκλα

кофейная кружка

κούπα του καφέ

калькулятор

κομπιουτεράκι

интернет

ίντερνετ

ноутбук

λάπτοπ

письмо

γράμμα

сообщение

μήνυμα

мобильный телефон

κινητό

сеть

δίκτυο

ксерокс

φωτοτυπικό μηχάνημα

программа

λογισμικό

телефон

τηλέφωνο

розетка

πρίζα

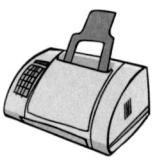

факс

συσκευή φαξ

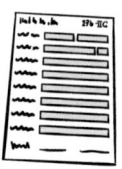

формуляр

έντυπο

документ

έγγραφο

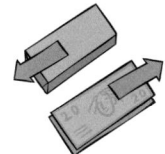

покупать

αγοράζω

платить

πληρώνω

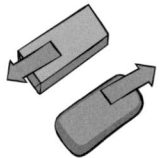

торговать

συναλλάσσομαι

деньги

χρήματα

доллар

δολάριο

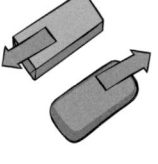

евро

ευρώ

иена

γιεν

рубль

ρούβλι

франк

ελβετικό φράγκο

жэньминьби юань

ρενμίνμπι γιουάν

рупия

ρουπία

банкомат

ATM (αυτόματη ταμειακή μηχανή)

пункт обмена валюты

ανταλλακτήρια
συναλλάγματος

золото

χρυσός

серебро

ασήμι

нефть

πετρέλαιο

энергия

ενέργεια

цена

τιμή

договор

συμβόλαιο

налог

φόρος

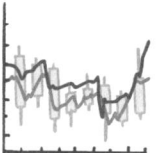

акция

μετοχή

работать

δουλεύω

служащий

υπάλληλος

работодатель

εργοδότης

фабрика

εργοστάσιο

магазин

κατάστημα

профессии
επαγγέλματα

милиционер
αστυνόμος
пожарный
πυροσβέστης
повар
μάγειρας
врач
γιατρός
пилот
πιλότος

садовник

κηπουρός

столяр

ξυλουργός

швея

μοδίστρα

судья

δικαστής

химик

χημικός

актёр

ηθοποιός

водитель автобуса

οδηγός λεωφορείου

таксист

ταξιτζής

рыбак

ψαράς

уборщица

καθαρίστρια

кровельщик

τεχνίτης στεγών

официант

σερβιτόρος

охотник

κυνηγός

художник

ζωγράφος

пекарь

αρτοποιός

электрик

ηλεκτρολόγος

строитель

οικοδόμος

инженер

μηχανολόγος

мясник

κρεοπώλης

сантехник

υδραυλικός

почтальон

ταχυδρόμος

солдат

στρατιώτης

архитектор

αρχιτέκτονας

кассир

ταμίας

флорист

ανθοπώλης

парикмахер

κομμωτής

кондуктор

ελεγκτής εισιτηρίων

механик

μηχανικός

капитан

καπετάνιος

зубной врач

οδοντίατρος

ученый

επιστήμονας

раввин

ραβίνος

имам

ιμάμης

монах

μοναχός

священник

ιερέας

инструменты
εργαλεία

плоскогубцы
πένσα
молоток
σφυρί
отвёртка
κατσαβίδι
карманный фо
φακός
гаечный ключ
Γαλλικό κλειδί

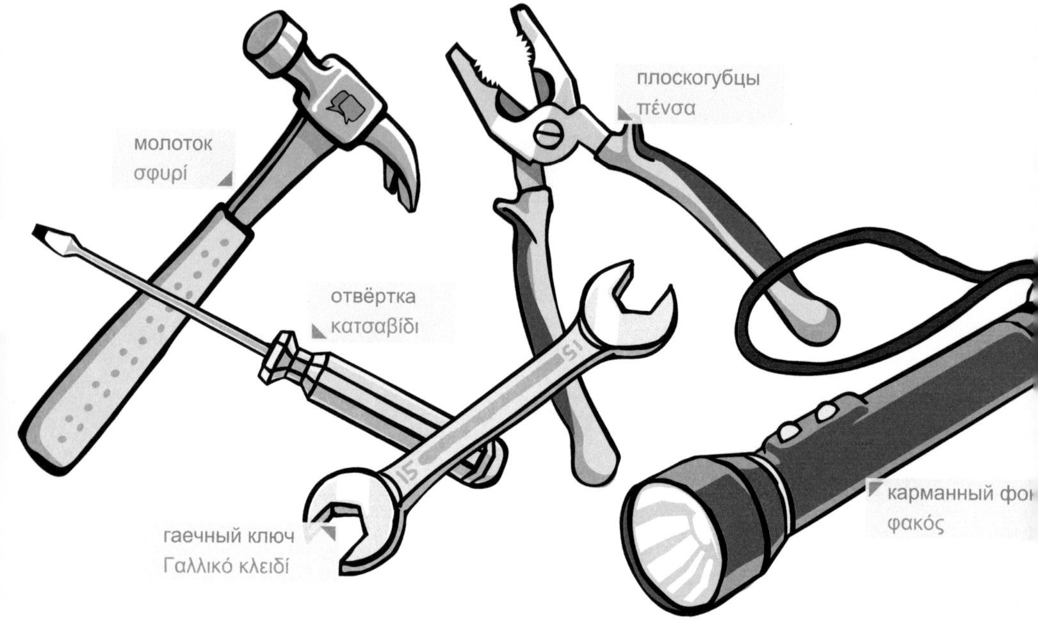

экскаватор

εκσκαφέας

ящик для инструментов

εργαλειοθήκη

стремянка

σκάλα

пила

πριόνι

гвозди

καρφιά

дрель

τρυπάνι

ремонтировать

επισκευάζω

лопата

φτυάρι

Блин!

Να πάρει!

совок

φαράσι

ведро с краской

δοχείο χρωμάτων

винты

βίδες

музыкальные инструменты

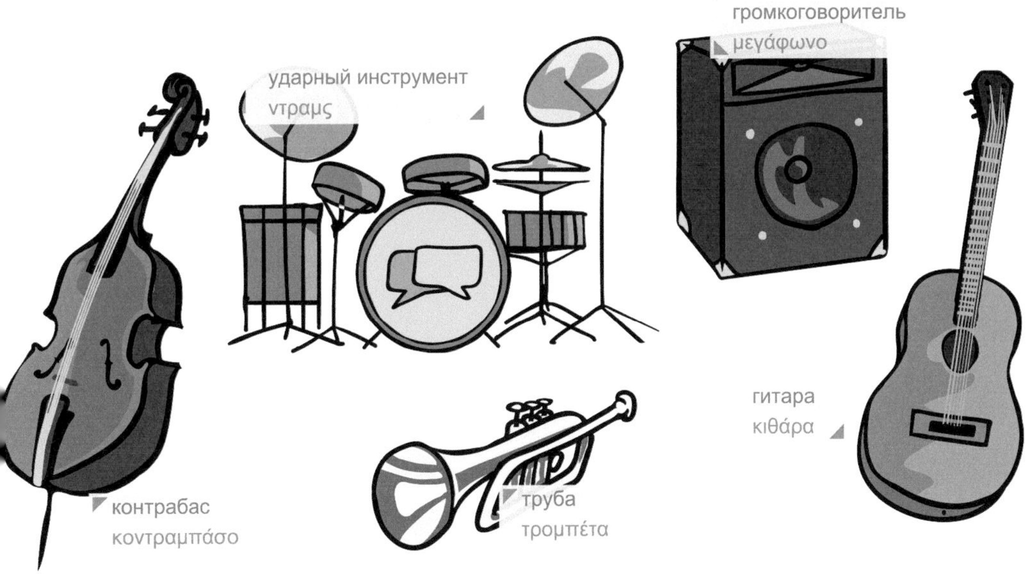

μουσικά όργανα

громкоговоритель

μεγάφωνο

ударный инструмент

ντραμς

гитара

κιθάρα

контрабас

κοντραμπάσο

труба

τρομπέτα

пианино

πιάνο

скрипка

βιολί

бас-гитара

μπάσο

литавры

τύμπανα

барабан

τύμπανο

синтезатор

πλήκτρα

саксофон

σαξόφωνο

флейта

φλάουτο

микрофон

μικρόφωνο

зоопарк

ζωολογικός κήπος

вход
είσοδος
тигр
τίγρης
клетка
κλουβί
зебра
ζέβρα
корм
ζωοτροφή
панда
πάντα

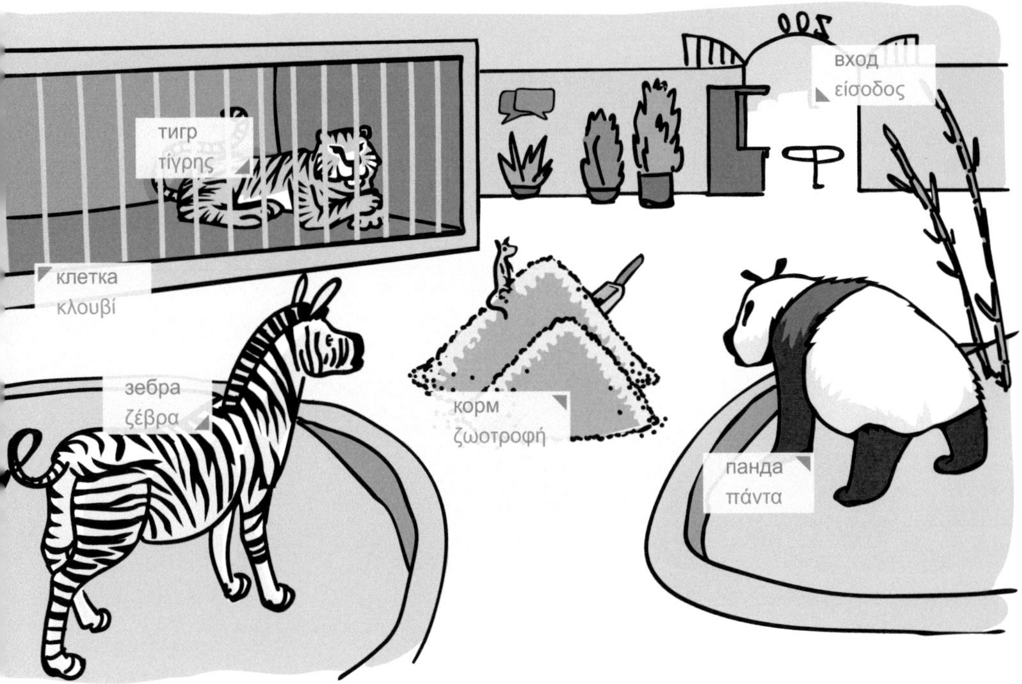

животные

ζώα

слон

ελέφαντας

кенгуру

καγκουρό

носорог

ρινόκερος

горилла

γορίλας

медведь

αρκούδα

верблюд

καμήλα

страус

στρουθοκάμηλος

лев

λιοντάρι

обезьяна

πίθηκος

фламинго

φλαμίνγκο

попугай

παπαγάλος

белый медведь

πολική αρκούδα

пингвин

πιγκουίνος

акула

καρχαρίας

павлин

παγώνι

змея

φίδι

крокодил

κροκόδειλος

служитель зоопарка

φύλακας ζωολογικού κήπου

тюлень

φώκια

ягуар

τζάγκουαρ

пони

πόνυ

леопард

λεοπάρδαλη

бегемот

ιπποπόταμος

жираф

καμηλοπάρδαλη

орёл

αετός

кабан

αγριογούρουνο

рыба

ψάρι

черепаха

χελώνα

морж

θαλάσσιος ίππος

лиса

αλεπού

газель

γαζέλα

спорт
αθλήματα

американский футбол
Αμερικάνικο ποδόσφαιρο

езда на велосипеде
ποδηλασία

теннис
αντισφαίριση

баскетбол
μπάσκετ

плавание
κολύμβηση

бокс
πυγχαμία

хоккей
χόκεϋ επί πάγου

футбол
ποδόσφαιρο

бадминтон
μπάντμιντον

лёгкая атлетика
στίβος

гандбол
χάντμπολ

лыжный спорт
σκι

поло
πόλο

действия
δραστηριότητες

смеяться
γελάω

прыгать
πηδάω

обнимать
αγκαλιάζω

идти
περπατάω

петь
τραγουδάω

мечтать
ονειρεύομαι

молиться
προσεύχομαι

целовать
φιλάω

писать
γράφω

рисовать
σχεδιάζω

показывать
δείχνω

нажимать
πιέζω

давать
δίνω

брать
παίρνω

иметь

έχω

делать

κάνω

быть

είμαι

стоять

στέκομαι

бежать

τρέχω

тянуть

τραβάω

бросать

ρίχνω

падать

πέφτω

лежать

ξαπλώνω

ждать

περιμένω

носить

κουβαλώ

сидеть

κάθομαι

надевать

φοράω

спать

κοιμάμαι

просыпаться

ξυπνάω

рассматривать

κοιτάω

плакать

κλαίω

гладить

χαϊδεύω

причесывать

χτενίζω

говорить

μιλάω

понимать

καταλαβαίνω

спрашивать

ρωτάω

слушать

ακούω

пить

πίνω

кушать

τρώω

наводить порядок

συγυρίζω

любить

αγαπάω

готовить

μαγειρεύω

ехать

οδηγώ

летать

πετάω

ходить под парусом

κάνω ιστιοπλοΐα

считать

υπολογίζω

читать

διαβάζω

учиться

μαθαίνω

работать

δουλεύω

вступать в брак

παντρεύομαι

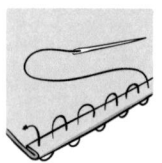

шить

ράβω

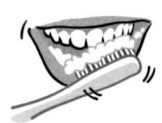

чистить зубы

βουρτσίζω τα δόντια

убивать

σκοτώνω

курить

καπνίζω

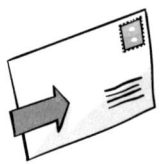

отправлять

στέλνω

семья

οικογένεια

бабушка
γιαγιά
дедушка
παππούς
папа
πατέρας
мама
μητέρα
младенец
μωρό
дочь
κόρη
сын
γιος

гость

καλεσμένος

тетя

θεία

дядя

θείος

брат

αδελφός

сестра

αδελφή

тело
σώμα

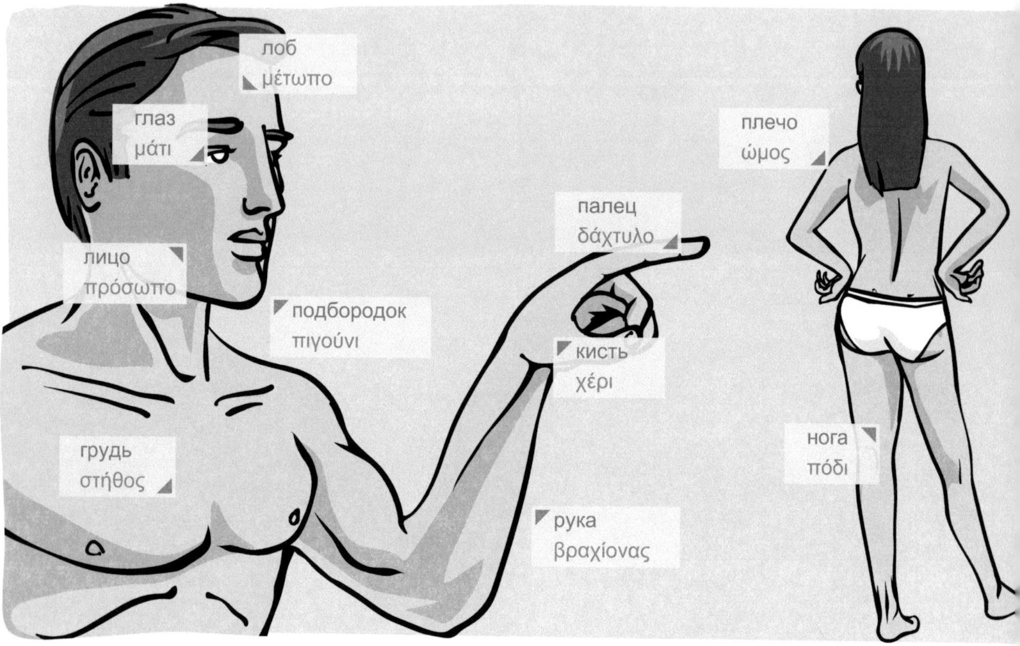

глаз
μάτι

лоб
μέτωπο

плечо
ώμος

лицо
πρόσωπο

палец
δάχτυλο

подбородок
πιγούνι

кисть
χέρι

грудь
στήθος

нога
πόδι

рука
βραχίονας

младенец
μωρό

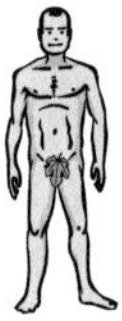

мужчина
άνδρας

женщина
γυναίκα

девочка
κορίτσι

мальчик
αγόρι

голова
κεφάλι

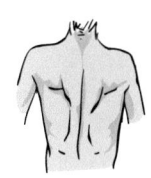

спина

πλάτη

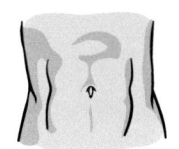

живот

κοιλιά

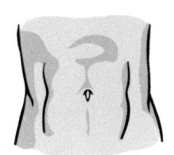

пупок

αφαλός

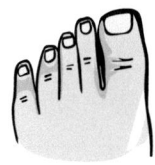

палец ноги

δάχτυλο ποδιού

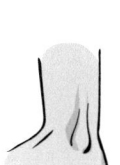

пятка

φτέρνα

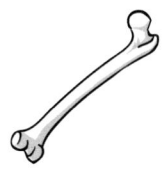

кость

κόκκαλο

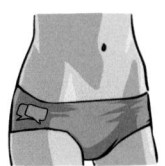

бедро

γοφός

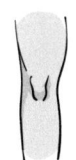

колено

γόνατο

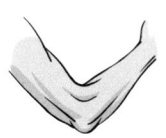

локоть

αγκώνας

нос

μύτη

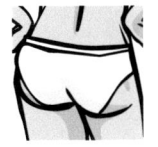

ягодицы

γλουτός

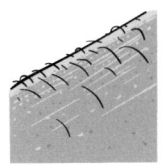

кожа

δέρμα

щека

μάγουλο

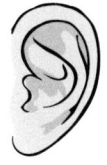

ухо

αυτί

губа

χείλος

тело - σώμα

рот

στόμα

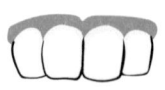

зуб

δόντι

язык

γλώσσα

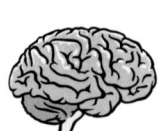

мозг

εγκέφαλος

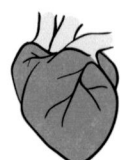

сердце

καρδιά

мышца

μυς

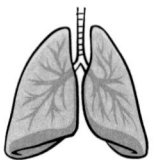

лёгкое

πνεύμονας

печень

συκώτι

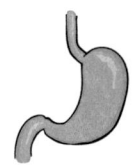

желудок

στομάχι

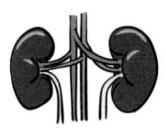

почки

νεφρά

половой акт

σεξουαλική επαφή

презерватив

προφυλακτικό

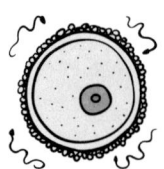

яйцеклетка

ωάριο

сперма

σπέρμα

беременность

εγκυμοσύνη

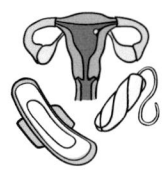

менструация

περίοδος

вагина

γυναικείος κόλπος

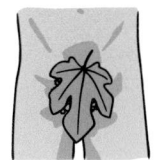

пенис

πέος

бровь

φρύδι

волосы

μαλλιά

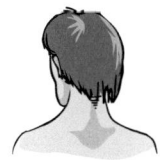

шея

λαιμός

больница
νοσοκομείο

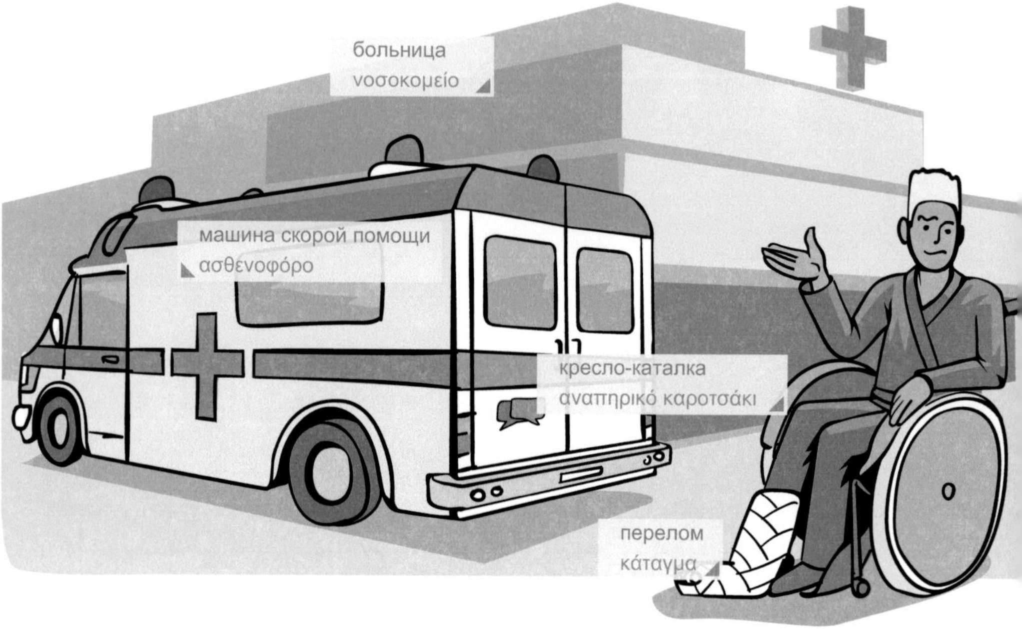

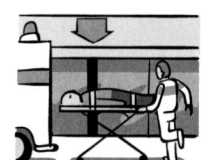

больница
νοσοκομείο

машина скорой помощи
ασθενοφόρο

кресло-каталка
αναπηρικό καροτσάκι

перелом
κάταγμα

врач
γιατρός

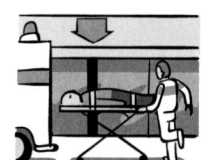

пункт первой помощи
μονάδα εντατικής θεραπείας

медсестра
νοσοκόμα

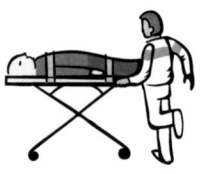

неотложный случай
έκτακτη ανάγκη

без сознания
λιπόθυμος

боль
πόνος

повреждение

τραύμα

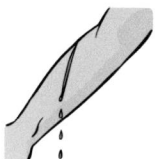

кровотечение

αιμορραγία

инфаркт

έμφραγμα

инсульт

εγκεφαλικό

аллергия

αλλεργία

кашель

βήχας

овышенная температура

πυρετός

грипп

γρίπη

понос

διάρροια

головная боль

πονοκέφαλος

рак

καρκίνος

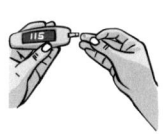

диабет

διαβήτης

хирург

χειρουργός

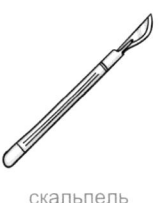

скальпель

νυστέρι

операция

εγχείρηση

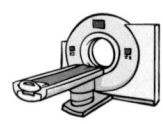

КТ

αξονική τομογραφία

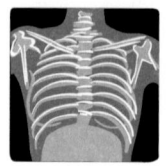

рентген

ακτινογραφία

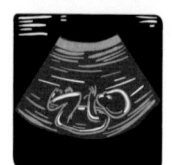

ультразвук

υπέρηχος

маска

μάσκα

болезнь

ασθένεια

приёмная

αίθουσα αναμονής

костыль

πατερίτσα

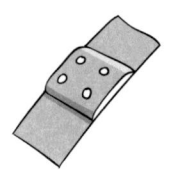

пластырь

χάνσαπλαστ

бинт

επίδεσμος

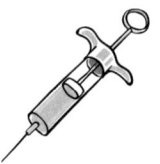

укол

ένεση

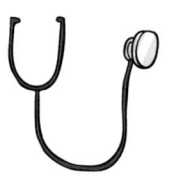

стетоскоп

στηθοσκόπιο

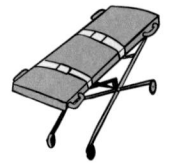

носилки

φορείο

термометр

θερμόμετρο

рождение

γέννηση

избыточный вес

υπέρβαρο

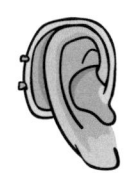

слуховой аппарат

ακουστικό βαρηκοΐας

дезинфекционное средство

αντισηπτικό

инфекция

λοίμωξη

вирус

ιός

ВИЧ / СПИД

HIV/AIDS

лекарство

φάρμακο

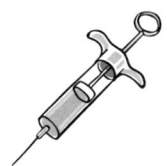

прививка

εμβολιασμός

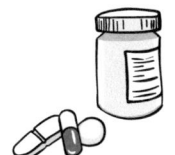

таблетки

δισκία

противозачаточная таблетка

χάπι

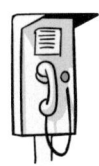

экстренный вызов

κλήση έκτακτης ανάγκης

прибор для измерения кровяного давления

πιεσόμετρο αίματος

больной / здоровый

άρρωστος / υγιής

неотложный случай

έκτακτη ανάγκη

Помогите!

Βοήθεια!

сигнал тревоги

συναγερμός

нападение

βιαιοπραγία

атака

επίθεση

опасность

κίνδυνος

запасной выход

έξοδος κινδύνου

Пожар!

Φωτιά!

огнетушитель

πυροσβεστήρας

несчастный случай

ατύχημα

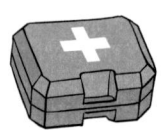

аптечка

κουτί πρώτων βοηθειών

SOS

SOS

милиция

αστυνομία

Европа

Ευρώπη

Северная Америка

Βόρεια Αμερική

Южная Америка

Νότια Αμερική

Африка

Αφρική

Азия

Ασία

Австралия

Αυστραλία

Атлантический океан

Ατλαντικός Ωκεανός

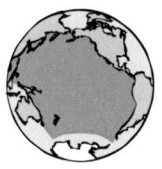

Тихий океан

Ειρηνικός Ωκεανός

Индийский океан

Ινδικός Ωκεανός

Антарктический океан

Ανταρκτικός Ωκεανός

Северный Ледовитый океан

Αρκτικός Ωκεανός

Северный полюс

Βόρειος Πόλος

Южный полюс

Νότιος Πόλος

Антарктика

Ανταρκτική

земля

Γη

суша

γη

море

θάλασσα

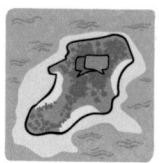

остров

νησί

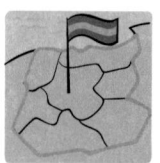

нация

έθνος

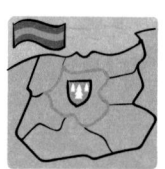

государство

πολιτεία

часы
ρολόι

циферблат

καντράν ρολογιού

часовая стрелка

ωροδείκτης

минутная стрелка

λεπτοδείκτης

секундная стрелка

δείκτης δευτερολέπτων

Который час?

Τι ώρα είναι;

день

ημέρα

время

χρόνος

сейчас

τώρα

электронные часы

ψηφιακό ρολόι

минута

λεπτό

час

ώρα

неделя
εβδομάδα

понедельник
Δευτέρα

среда
Τετάρτη

пятница
Παρασκευή

вторник
Τρίτη

суббота
Σάββατο

четверг
Πέμπτη

воскресенье
Κυριακή

вчера
χθες

сегодня
σήμερα

завтра
αύριο

утро
πρωί

полдень
μεσημέρι

вечер
βράδυ

рабочие дни
εργάσιμες ημέρες

выходные
Σαββατοκύριακο

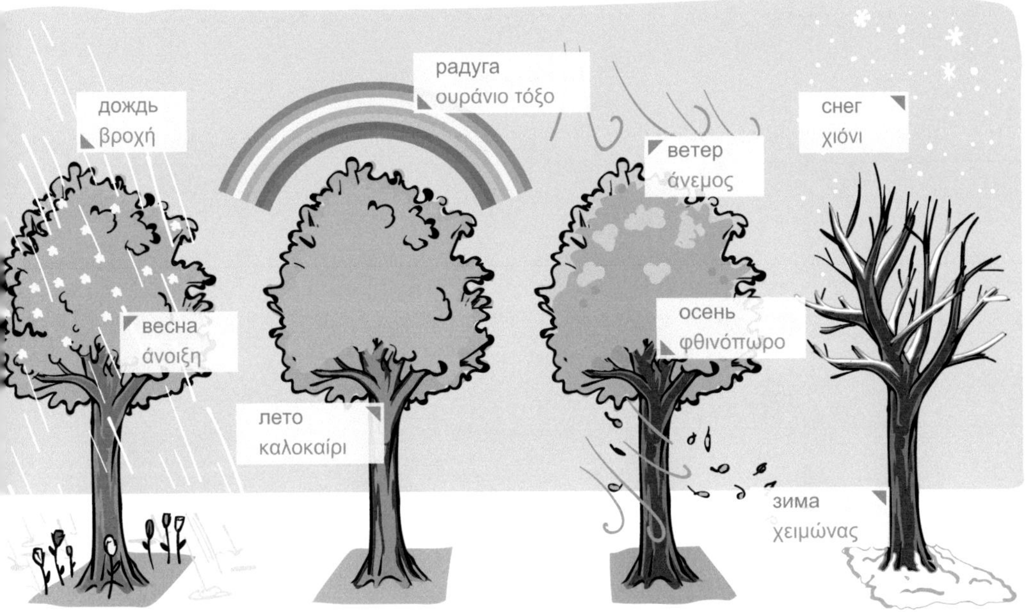

дождь
βροχή

радуга
ουράνιο τόξο

ветер
άνεμος

снег
χιόνι

весна
άνοιξη

осень
φθινόπωρο

лето
καλοκαίρι

зима
χειμώνας

прогноз погоды

πρόγνωση καιρού

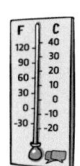

термометр

θερμόμετρο

солнечный свет

λιακάδα

туча

σύννεφο

туман

ομίχλη

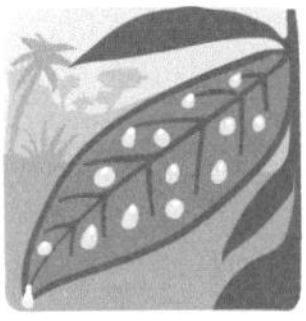

влажность воздуха

υγρασία

молния

αστραπή

гром

κεραυνός

буря

καταιγίδα

град

χαλάζι

муссон

μουσώνας

наводнение

πλημμύρα

лёд

πάγος

январь

Ιανουάριος

февраль

Φεβρουάριος

март

Μάρτιος

апрель

Απρίλιος

май

Μάιος

июнь

Ιούνιος

июль

Ιούλιος

август

Αύγουστος

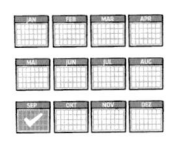

сентябрь

Σεπτέμβριος

октябрь

Οκτώβριος

ноябрь

Νοέμβριος

декабрь

Δεκέμβριος

формы
σχήματα

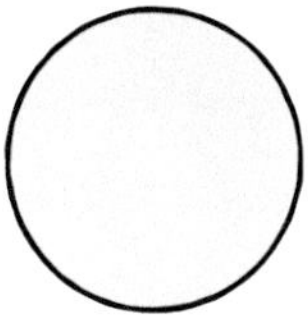

круг

κύκλος

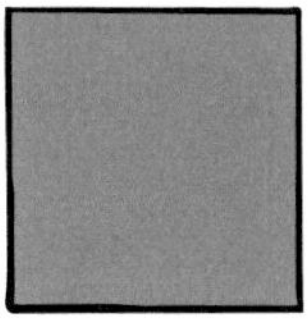

квадрат

τετράγωνο

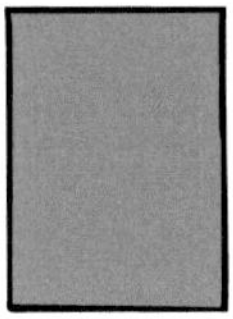

прямоугольник

ορθογώνιο
παραλληλόγραμμο

треугольник

τρίγωνο

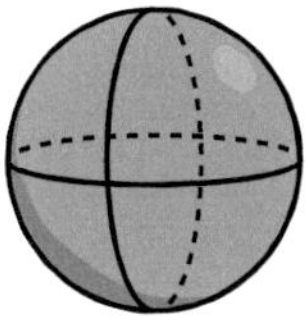

шар

σφαίρα

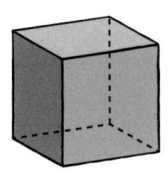

куб

κύβος

цвета

χρώματα

белый

άσπρο

желтый

κίτρινο

оранжевый

πορτοκαλί

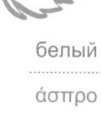

розовый

ροζ

красный

κόκκινο

лиловый

μωβ

синий

μπλε

зелёный

πράσινο

коричневый

καφέ

серый

γκρι

черный

μαύρο

противоположности

αντίθετα

много / мало

πολύ / λίγο

яростный / мирный

θυμωμένος / ήρεμος

красивый / уродливый

όμορφος / άσχημος

начало / конец

αρχή / τέλος

большой / маленький

μεγάλος / μικρός

светлый / темный

φωτεινός / σκοτεινός

брат / сестра

αδελφός / αδελφή

чистый / грязный

καθαρός / λερωμένος

полный / неполный

πλήρης / ατελής

день / ночь

ημέρα / νύχτα

мёртвый / живой

νεκρός / ζωντανός

широкий / узкий

φαρδύς / στενός

съедобный / несъедобный

βρώσιμος / μη βρώσιμος

злой / дружелюбный

κακός / ευγενικός

взволнованный / скучающий

ενθουσιασμένος / βαριεστημένος

толстый / худой

παχύς / λεπτός

сначала / в конце

πρώτος / τελευταίος

друг / враг

φίλος / εχθρός

полный / пустой

γεμάτος / άδειος

твёрдый / мягкий

σκληρός / μαλακός

тяжёлый / легкий

βαρύς / ελαφρύς

голод / жажда

πείνα / δίψα

больной / здоровый

άρρωστος / υγιής

незаконный / законный

παράνομος / νόμιμος

умный / глупый

έξυπνος / χαζός

слева / справа

αριστερός / δεξιός

близко / далеко

κοντινός / μακρινός

новый / подержанный

καινούριος /
μεταχειρισμένος

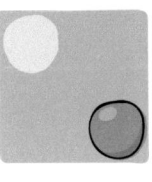

ничто / нечто

τίποτα / κάτι

 старый / молодой

γέρος | νέος

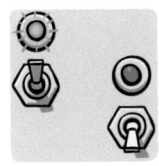

включено / выключено

αναμμένος / σβηστός

открыто / закрыто

ανοιχτός / κλειστός

тихо / громко

χαμηλόφωνος /
μεγαλόφωνος

богатый / бедный

πλούσιος / φτωχός

правильный /
неправильный
σωστός / λανθασμένος

шероховатый / гладкий

τραχύς / λείος

печальный / счастливый

λυπημένος / χαρούμενος

короткий / длинный

κοντός / μακρύς

медленный / быстрый

αργός / γρήγορος

мокрый / сухой

υγρός / στεγνός

тёплый / прохладный

ζεστός / δροσερός

война / мир

πόλεμος / ειρήνη

противоположности - αντίθετα

цифры
αριθμοί

0
ноль
μηδέν

1
один
ένα

2
два
δύο

3
три
τρία

4
четыре
τέσσερα

5
пять
πέντε

6
шесть
έξι

7
семь
εφτά

8
восемь
οκτώ

9
девять
εννιά

10
десять
δέκα

11
одиннадцать
έντεκα

12

двенадцать

δώδεκα

13

тринадцать

δεκατρία

14

четырнадцать

δεκατέσσερα

15

пятнадцать

δεκαπέντε

16

шестнадцать

δεκαέξι

17

семнадцать

δεκαεφτά

18

восемнадцать

δεκαοκτώ

19

девятнадцать

δεκαεννέα

20

двадцать

είκοσι

100

сто

εκατό

1.000

тысяча

χίλια

1.000.000

миллион

εκατομμύριο

языки
γλώσσες

английский

Αγγλικά

американский английский

Αμερικάνικα Αγγλικά

мандаринский китайский

Μανδαρίνικα Κινέζικα

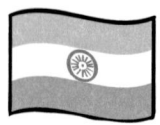

хинди

Χίντι

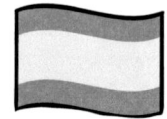

испанский

Ισπανικά

французский

Γαλλικά

арабский

Αραβικά

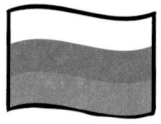

русский

Ρώσικα

португальский

Πορτογαλικά

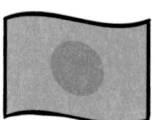

бенгальский

Μπενγκάλι

немецкий

Γερμανικά

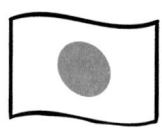

японский

Ιαπωνικά

кто / что / как
ποιος / τι / πως

я

εγώ

ты

εσύ

он / она / оно

αυτός / αυτή / αυτό

мы

εμείς

вы

εσείς

они

αυτοί / αυτές / αυτά

кто?

ποιος / ποια / ποιο;

что?

τι;

как?

πώς;

где?

πού;

когда?

πότε;

имя

όνομα

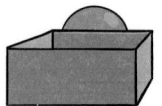

где

που

за

πίσω

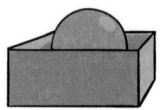

в

μέσα

перед

μπροστά

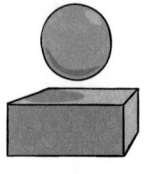

над

πάνω από

на

πάνω

под

κάτω

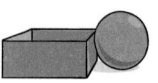

рядом

δίπλα

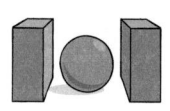

между

ανάμεσα

место

μέρος